COMMENTAIRE

SUR LA

LOI NOUVELLE

DES

JUSTICES DE PAIX,

Décrétée par les deux Chambres en février et mai 1838 ;

Par M. CUVELIER,

Ancien avocat au parlement de Normandie, juge de paix du canton de Blangy (Calvados).

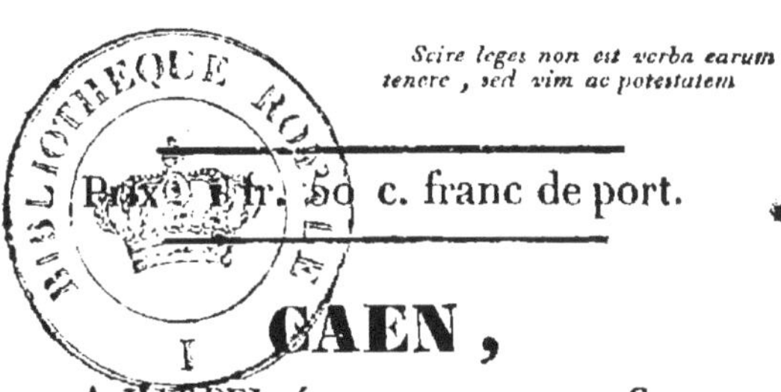

Scire leges non est verba earum tenere , sed vim ac potestatem

Prix : 1 fr. 50 c. franc de port.

CAEN ,

CHEZ A. HARDEL, ÉDITEUR, SUCC. DE M. CHALOPIN,
A PARIS , chez DERACHE, rue du Bouloy, 7 ,
ET CHEZ LES PRINCIPAUX LIBRAIRES DES DÉPARTEMENTS.

1838.

Nota. Nous avons dans ce commentaire suivi l'ordre
et la marche de M. Jousse , ancien conseiller au pré-
sidial d'Orléans , dans les commentaires qu'il nous a
donnés des ordonnances de 1667—1669 et 1670.

Nous savons qu'il faut que cette loi soit sanctionnée
par le Roi , et que le gouvernement en fixe l'exécution ; mais on sera bien aise de la connaître d'avance ,
c'est ce qui nous porte à la faire imprimer.

COMMENTAIRE

SUR LA

LOI NOUVELLE

DES

JUSTICES DE PAIX,

Décrétée par les deux Chambres en février et mai 1838 ;

PAR M. CUVELIER ,

Ancien avocat au Parlement de Normandie, juge de paix du canton de Blangy (Calvados).

Scire leges non est verba earum tenere , sed vim ac potestatem

---

ARTICLE Ier.

Les juges de paix connaissent de toutes actions *purement* (1) personnelles ou *mobilières* (2), en dernier ressort jusqu'à la valeur de cent fr., *et à charge d'appel jusqu'à la valeur de deux cents fr.* (3).

(4)

(1) *Parement*. Dans ce mot réside toute l'étendue et les limites de la compétence des juges de paix, relativement à cet article. Il ne faut pas que l'action ait rien de réel ; elle doit être pure personnelle ou mobilière. Mais que doit-on entendre par ces mots, surtout par celui *mobilière* ?

(2) L'opinion des jurisconsultes a été assez partagée sur cette question ; elle laisse l'esprit dans la vague et l'incertitude des théories.

Toutefois il faut prendre un parti, il faut sur ce fixer la compétence des juges de paix, qui jamais ne peuvent connaître des affaires réelles ou mixtes, à moins qu'elles ne tiennent au possessoire, ou que la connaissance de certaines ne leur soit spécialement attribuée par la loi.

Revenons donc aux principes et à la jurisprudence de la Cour suprême.

D'Argentré pose un principe à l'aide duquel on peut fixer ses idées : *actio,* dit-il, *quæ tendit ad mobile, mobilis est ; ad immobile, immobilis.*

La jurisprudence est d'accord avec ce principe : par exemple, elle a jugé que l'action pour une vente de bois qui n'est pas encore détachée du fond, est une action mobilière, que celle en paiement des arrérages d'une vente foncière était aussi mobilière, parce que cette vente est meuble ; qu'il en est de même de la demande en rescision de la vente d'un fouds, parce qu'une telle action n'a pour objet direct que le supplément du juste prix de l'immeuble vendu, etc. , etc.

Ainsi, toutes les fois qu'une pareille demande n'excèdera pas le taux de la compétence du juge de paix, et que le principe n'en sera pas *valablement* contesté, le juge de paix sera compétent d'en connaître.

Ces sortes d'actions doivent être intentées , non pas devant le juge de paix de la situation des fonds, mais devant celui du domicile du défendeur. (Arrêts de la cour de Cassation des 5 et 13 octobre 1813 , recueillis par Dalloz dans sa Jurisprudence générale, tome Ier., pages 221 et 222.)

(3) *En dernier ressort jusqu'à la valeur de 100 fr. et à charge d'appel jusqu'à la valeur de 200 fr.*

Ici la compétence est doublée. Toutes les fois donc que les conclusions de l'exploit (car il ne faut pas perdre de vue que c'est la demande qui fixe la compétence), n'excèderont pas 100 fr., le juge statuera souverainement et en dernier ressort , et il n'y aura lieu à l'appel qu'autant que cette demande sera au-dessus de 100 fr. jusqu'à 200 fr. inclusivement.

ARTICLE 2.

Les juges de paix prononcent sans appel jusqu'à la valeur de 100 fr. ; et à charge d'appel, *jusqu'au taux de la compétence en dernier ressort des tribunaux de première instance* (1).

Sur les contestations entre les hôteliers, aubergistes ou logeurs et les voyageurs où les locataires en garni, pour dépenses d'hôtellerie et *perte d'effets* (2) déposés dans l'auberge ou dans l'hôtel.

Entre les voyageurs et les voituriers ou bateliers pour retard, frais de route et perte d'effets *accompagnant les voyageurs* (3).

Entre les voyageurs et les carossiers, et autres ouvriers, pour fournitures, salaires et réparations faites aux voitures de voyage.

______

(1) *Jusqu'au taux de la compétence en dernier ressort des tribunaux de première instance.*

Pour faire l'application de cette disposition , il eût fallu, jadis, recourir à la loi du 24 août 1790, qui dit , art. 5 du titre 4: Les juges de district connaîtront en premier et dernier ressort de toutes les affaires personnelles et mobilières, jusqu'à la valeur de mille francs ; mais maintenant, d'après la nouvelle loi adoptée par les deux Chambres, qui élève la compétence en dernier ressort des tribunaux de première instance , à quinze cents francs , il faut reconnaître que les juges de paix auront le droit à l'avenir de statuer, à charge d'appel , sur tous les objets mentionnés en cet article , ainsi que sur ceux énoncés en l'article 4 , jusqu'à ladite somme de quinze cents francs.

La compétence des juges de paix, relative aux objets mentionnés dans cet article 2 , et dans l'article 4, va donc jusqu'à 1500 fr.; donc ils peuvent juger en premier ressort jusqu'à ce taux : elle est donc maintenant fixée. Déjà la Cour suprême l'avait implicitement déterminée par son arrêt du 6 février 1809 , en cassant un jugement du tribunal civil de Caen, qui avait réformé celui du juge de paix relatif à la réclamation d'un paquet de marchandises confié à la messagerie , pour la perte duquel on demandait une indemnité de 1487 fr., et en renvoyant la décision devant le même juge de paix.

Mais ceci faisait encore la matière d'un doute, parce que la loi ne dit nulle part que le juge de paix soit, dans tous les cas, compétent de connaître de toutes actions relatives aux dépôts nécessaires.

Maintenant il n'y aura plus de doute, sitôt que l'indemnité qu'on réclamera n'excèdera pas quinze cents francs.

(2) *Perte d'effets ; frais de route.* L'article, dans ses différents paragraphes, parle de la perte d'effets, de frais de route, et de dédommagement pour retard ; mais il n'indique pas les moyens de fixer la valeur de ces objets, ni la manière d'en faire la demande. Nous estimons dès-lors que le tout est laissé à l'arbitrage du juge, et que la loi s'en rapporte à lui, en lui confiant le soin de prendre en considération la moralité et l'aisance du voyageur, pour déterminer, à son âme et conscience, quel peut être le dédommagement qu'il doit raisonnablement obtenir.

Au reste, la perte d'effets dont parle cet article deux, étant le résultat d'un dépôt nécessaire, la preuve d'après l'article 1750 du Code civil en est admise, même quand il s'agit d'une valeur au-dessus de 150 fr.

Le juge de paix, d'après cet article, statue jusqu'à la valeur de quinze cents francs sur la demande pour dépense faite par les voyageurs , et pour perte d'effets ; mais à quel juge de paix le jugement de cette demande est-il attribué ? Est-ce au juge de paix du domicile du voyageur , ou de l'aubergiste ? La loi est muette à cet égard. Voici comment s'en explique la Commission.

« La demande en remise d'effets, s'ils sont rete-
« nus par l'aubergiste , sera portée au juge du
« domicile de celui-ci ; que s'il s'agit d'une de-
« mande formée par l'aubergiste en paiement de
« dépense, il sera obligé de la porter devant le juge du domicile de son débiteur. » (Voyez le journal spécial de M. de Foulan, tome 17 , page 165. Le discours de M. Renouard , rapporteur, y est en entier.)

(3) *Accompagnant les voyageurs.* Cette disposition est-elle absolue et limitative ? Non certes : et ce serait une erreur de croire qu'il faut absolument que le propriétaire accompagne ses effets , pour qu'il puisse en réclamer la valeur en cas de perte : cette réclamation est aussi bien fondée de la part de celui qui a confié une malle, un paquet de marchandises à la messagerie ou à un voiturier quelconque, que de la part du voyageur: dans l'un comme dans l'autre cas, le juge de paix doit l'ac_cueillir , si d'ailleurs le fait est certain et bien

établi, et si le dédommagement réclamé n'excède pas quinze cents francs.

Cet article est une innovation et une augmentation de compétence assez importante.

ARTICLE 3.

Les juges de paix connaissent jusqu'à la valeur de cent francs, et à charge d'appel, à quelque valeur que la demande puisse s'élever *des actions en paiement de loyers et fermages* (1), *des congés* (2), des demandes en résiliation de baux, fondées sur le seul défaut de paiement des loyers ou fermages, des expulsions de lieux, *et des demandes en validité de saisies-gageries* (3); le tout lorsque les locations verbales ou par écrit *n'excèdent pas annuellement, à Paris quatre cents francs, et partout ailleurs deux cents francs* (4).

Si le prix principal consiste en denrées ou prestations en nature, appréciables d'après les mercuriales, l'évaluation sera

(11)

faite sur celles du jour de l'échéance,
lorsqu'il s'agira du paiement des fer-
mages (5); dans les autres cas, elle aura
lieu d'après les mercuriales du mois qui
aura précédé la demande.

Si le prix principal du bail (6) consiste
en prestations non appréciables d'après
les mercuriales, ou s'il s'agit de baux à
colons partiaires, le juge de paix dé-
terminera la compétence, en prenant
pour base du revenu de la propriété, le
principal de la contribution foncière de
l'année courante multipliée par cinq.

(1) *Des actions en paiement de loyers ou fer-*
mages. Autrefois le juge de paix ne connaissait pas
de l'action en paiement de loyers ou fermages,
ni des demandes en congé, en résiliation de baux
et en expulsion des lieux, parce qu'on regardait
assez mal à propos, ces actions comme mixtes,
tandis qu'elles ne sont que pures personnelles et
mobilières ; et qu'il était de principe, comme
nous l'avons dit ci-dessus, que le juge de paix
ne pouvait connaître d'une action mixte. Mais

bientôt la jurisprudence lui avait accordé d'y statuer lorsque le bail était verbal, et qu'il ne s'agissait que d'un sémestre de 100 francs et au-dessous. Actuellement la loi lui permet d'en connaître, que le bail soit verbal ou par écrit, pourvu que le prix annuel n'excède pas, à Paris 400 francs, et partout ailleurs, 200 francs.

(2) Quant aux congés sur lesquels le juge de paix est autorisé à statuer, nous estimons que toutes les fois que le prix de la location ou du loyer n'excèdera pas 150 francs, il ne sera pas absolument nécessaire que les congés soient constatés par un acte extrajudiciaire, et qu'il suffira que le propriétaire ou locataire soit en état de les établir par témoins. C'est une conséquence de l'article 1341 du Code civil. Nous n'ignorons pas cependant que la cour de Cassation, en 1816, semble avoir jugé le contraire, en disant que l'article 1715 du Code contenait une exception à l'article 1341 ; et que, comme le congé se rattachait nécessairement au bail dont il opérait la résolution, il s'en-suivait, suivant elle, qu'il devait être régi par les mêmes principes.

Malgré notre respect profond pour les décisions de la Cour suprême, nous ne pouvons nous em-pêcher de dire, que cette jurisprudence ne peut

(13)

être généralement appliquée à toute espèce de
locations : il en est de si minimes, dans les cam-
pagnes surtout, qu'il serait, selon nous, d'une
souveraine injustice d'exiger que les congés en
fussent donnés par une sommation extrajudiciaire.
Quoi! on exigerait qu'un propriétaire ou locataire,
pour un loyer annuel de dix, de vingt ou même
de cinquante francs, fît les frais d'un avertisse-
ment qui lui coûterait au moins six ou dix francs
en pure perte? ne serait-ce pas contraire à tous
les principes d'équité et de justice?

Nous estimons donc qu'il est laissé à l'arbitrage
du juge de paix d'admettre en pareil cas la preuve
testimoniale.

Observez, d'ailleurs, que lors de l'arrêt de la
cour de Cassation, dont nous venons de parler, le
prix de la location était de 150 fr.; et qu'il ne
s'agissait pas seulement de statuer sur un congé
verbal; mais encore de décider si un jugement
par défaut, faute de plaider, était ou non susceptible d'opposition; que les moyens du demandeur étaient à cet égard péremptoires, et que
par conséquent la Cour ne pouvait se dispenser de
casser le jugement qui les avait méconnus.

(3) *Et des demandes en validité de saisie-
gagerie.* Puisque la loi attribuait au juge de paix

le droit de connaître du paiement des loyers et fermages, il était juste qu'elle l'autorisât aussi à permettre les saisies-gageries. C'était une conséquence naturelle du principe qu'elle posait. Voyez d'ailleurs ce que nous disons à l'égard des saisies-gageries sur l'article 10, ci-dessous.

(4) *Le tout lorsque les locations verbales ou par écrit n'excèdent pas annuellement, à Paris, 400 fr., et partout ailleurs 200 fr.*

Ce serait une erreur de croire que la compétence du juge de paix est limitée à ce taux de deux ou de quatre cents francs.

Cette limitation ne porte que sur le prix annuel du loyer ou du fermage; et quel que soit le nombre d'années qui soient dues au propriétaire, quelle que soit la somme qu'il réclame, le juge de paix sera compétent d'en connaître, sitôt que le prix annuel ne sera que de quatre ou de deux cents francs, à quelque valeur que le total de la demande puisse s'élever. C'est la conséquence naturelle des dispositions de l'article que nous commentons.

(5) *Lorsqu'il s'agira du paiement des fermages.* Ici, la loi fait une distinction entre les fermages ruraux et les loyers urbains. S'agit-il de déterminer et d'évaluer les premiers, ce sont les mer-

curiales du jour de l'échéance qui en fixent l'évaluation ; faudra-t-il au contraire déterminer le prix des loyers urbains, alors on aura recours aux mercuriales du mois précédent, antérieur à la demande. Mais quelles sont les mercuriales qui serviront de base ? Ce sera nécessairement celles du chef-lieu de canton ; ou s'il n'y en a pas, celles du chef-lieu d'arrondissement.

Mais qui peut, qui doit faire l'appréciation en ce cas d'après les mercuriales? Dalloz, dans sa Jurisprudence générale, tome IV, page 711, nous enseigne qu'elle ne peut jamais être faite d'office par le juge. Si donc le demandeur ne l'a pas faite par l'exploit, le défendeur qui est intéressé à ne pas parcourir deux degrés de juridiction, peut, en justifiant des mercuriales, réclamer contre l'indétermination de l'action et la faire fixer.

(6) Pour exécuter les dispositions contenues en ce dernier paragraphe, il faudra que le demandeur présente au juge de paix un relevé du principal de la contribution foncière de l'année courante. Ce relevé n'a pas besoin d'être enregistré ; mais si on en fait mention dans le jugement, il doit être sur papier timbré. Le juge multipliera alors la contribution cinq fois, et ce taux fixera sa compétence pour le premier ou dernier ressort.

Nota. Observez que , d'après cet article , les demandes en congé ou en résiliation de baux ne sont de la compétence des juges de paix, qu'autant que l'action est fondée sur le défaut de paiement des loyers ou fermages. Car , s'il s'agissait d'expliquer quelques clauses du bail , et qu'il fallût pour ce le consulter et en appliquer les dispositions, le juge de paix cesserait d'être compétent , et il devrait alors se dessaisir et renvoyer les parties se pourvoir devant qui de droit : il en serait de même, si le locataire ou fermier se fût mis dans le cas qu'on provoquât contre lui les dispositions de l'article 1766 du Code civil.

ARTICLE 4.

Les juges de paix connaissent, sans appel , jusqu'à la somme de cent francs ; et à charge d'appel, jusqu'au taux de la compétence en dernier ressort *des tribunaux de première instance* (1).

1°. Des indemnités réclamées par le locataire ou fermier pour non-jouissance, du fait du propriétaire *lorsque le droit à une indemnité n'est pas contesté* (2).

2°. *Des dégradations et pertes* (3) dans les cas prévus par les articles 1732 et 1735 du Code civil.

Néanmoins, le juge de paix ne connaît des pertes causées par incendie ou inondation, que dans les limites posées par l'article 1er. de la présente loi (4).

(1) *Des tribunaux de première instance.* C'est-à-dire jusqu'à quinze cents francs. Voyez à cet égard ce que nous avons dit sous l'article 2.

(2) *Lorsque le droit à une indemnité n'est pas contesté.* Ceci est la répétition du § 4 de l'art. 3 du Code de procédure civile. Mais qu'entend le Code, qu'entend ici la loi par les mots : *Lorsque le droit à l'indemnité n'est pas contesté ?*

Suffirait-il à un propriétaire , pour élever une telle incompétence et éluder la juridiction du juge de paix, de dire : *je conteste le fond du droit, je ne dois pas l'indemnité , et mon fermier n'est pas fondé à en exiger ?* Non : comme le dit très-bien le jurisconsulte Henrion de Pansey, «Ce n'est « pas proposer une incompétence absolue ; le « juge de paix ne doit pas moins continuer à con- « naître de la demande du fermier; sans cela, tous

« les propriétaires éluderaient la juridiction pater-
« nelle de la justice de paix. »

Le même jurisconsulte ajoute que dans cette
espèce, le propriétaire doit proposer son exception *à limine litis*; et que, pour qu'elle soit fondée,
et qu'elle élève l'incompétence *ratione materiæ*,
il faut que le propriétaire déduise des raisons
telles qu'elles obligent non seulement à examiner
le bail, mais encore à l'interpréter : en ce cas, le
juge de paix doit se dessaisir. (Voyez le traité
d'Henrion de Pansey sur la Compétence des juges
de paix, troisième édition , p. 335).

(3) *Des dégradations et pertes*. La loi du 24
août 1790 ne limitait point la valeur des dégradations pour en accorder la connaissance aux juges
de paix; ils pouvaient y statuer en premier ressort,
à quelque somme que la demande fût portée :
mais la loi borne ici leur compétence ; il faut que
la demande ne s'élève pas à plus de 150 fr. ; si
elle excède ce taux, ils ne pourront en connaître
qu'en conciliation. Au reste , toutes les dégradations ou pertes qui arrivent pendant la jouissance
du locataire ou fermier , ou de ses sous-locataires
sont à sa charge; à moins qu'il n'établisse qu'elles
ont eu lieu sans sa faute, ou qu'elles sont l'effet
de la force majeure. C'est ce qui a fait mettre sur

le compte d'un locataire, ainsi que nous l'apprend Dalloz, la rupture d'un sommier, parce qu'il n'établissait pas que la charge qu'il lui avait donnée n'était pas trop forte, ou qu'il fût rompu par vétusté ; c'est ce qui, dans la pratique aussi, a fait mettre sur le compte d'un fermier les ragré-ments à faire aux murailles extérieures des bâti-ments ruraux, jusqu'à la hauteur d'un mètre.

(3) *Dans les limites posées par l'article Ier. de la présente loi.* C'est-à-dire, lorsque le montant des pertes occasionnées par incendie ou inonda-tion n'excède pas 200 fr. ; le locataire ou fermier répond donc de l'incendie. Il n'en est déchargé qu'autant qu'il prouve que le sinistre est arrivé par cas fortuit, ou par force majeure, ou par vice de construction, ou enfin parce que le feu a été com-muniqué par une maison voisine : tout le poids de la preuve tombe sur lui. Il n'en est pas de même du propriétaire à l'égard de son voisin ; c'est à celui-ci à prouver que l'incendie est provenu de chez le propriétaire et par sa faute, parce que personne n'est présumé vouloir se brûler soi-même Voyez à cet égard Dalloz, tome 9, page 475, et le traité de MM. Grim et Joliat).

ARTICLE 5.

Les juges de paix connaissent également sans appel, jusqu'à la valeur de cent francs; et à charge d'appel, à quelque somme que la demande puisse s'élever :

1°. Des actions pour dommages faits aux champs, fruits et récoltes, soit par l'homme, soit par les animaux ; *et de celles relatives à l'élagage* des arbres (1) ou haies, et au curage soit des fossés, soit des canaux servant à l'irrigation des propriétés, et au mouvement des usines, lorsque les droits de propriété ou de servitude ne seront pas contestés.

2°. *Des réparations locatives* des maisons ou fermes, mises par la loi à la charge des locataires (2).

3°. Des contestations relatives aux engagements respectifs des gens de travail au jour, au mois ou à l'année, et de ceux qui les emploient; des maîtres, et des domestiques ou gens de service à gages; *des maîtres, et de leurs ouvriers ou aprentis* (3), sans néanmoins qu'il soit dérogé aux lois et réglements relatifs à

(21)

la juridiction des prud'hommes (4).

4°. *Des contestations relatives au paiement des nourrices* (5); sauf ce qui est prescrit par les lois et réglemens d'administration publique à l'égard des nourrices *de la ville de Paris et de toutes autres villes* (6).

5°. Des actions civiles pour diffamations verbales, et pour injures publiques ou non publiques, verbales ou par écrit, *autrement que par voie de la presse* (7) ; des mêmes actions *pour rixes et voies de fait* (8) : le tout lorsque les parties ne se sont pas pourvues par la voie criminelle.

(1) *De l'élagage des arbres.* La compétence des juges de paix est ici encore étendue, ou plutôt fixée. La jurisprudence variait beaucoup à cet égard. D'après l'opinion de Favard de Langlade, la section des requêtes de la cour de Cassation, présidée alors par lui, avait jugé le 29 décembre 1830, que dans tous les cas, sitôt qu'il s'agissait

d'une demande en élagage d'arbres de haute futaie, le juge de paix était incompétent d'en connaître.

Henrion de Pansey avait une opinion toute contraire ; il regardait cette action comme la suite d'un dommage fait aux champs, fruits et récoltes ; et plusieurs jurisconsultes prenant un milieu entre ces deux autorités, estimaient que, s'il ne s'agissait que de faire couper la pousse de l'année, le juge de paix pouvait en connaître. Mais comment bien précisément définir la pousse de l'année ? Il fallait toujours recourir à des hommes à ce connaisseurs ? L'incertitude donc existait sur ce point. Mais maintenant, d'après la loi nouvelle, toute demande en élagage, quelle qu'elle soit, est de la compétence du juge de paix. Mais peut-on le faire faire en tout temps ? Nous estimons que le juge doit prendre en considération les intérêts de l'agriculture, et qu'il peut faire différer l'élagage, tant que la sève est en mouvement, ou que la canicule existe. Nous croyons donc que l'élagage doit avoir lieu depuis la mi-octobre jusqu'à la mi-avril.

(2) *Des réparations locatives.* Les réparations locatives sont énoncées dans l'article 754 du code civil ; et, comme elles ne sont pas limitatives,

(23)

la jurisprudence y a ajouté les portes-pincettes ,
les plaques en fonte , les glaces , les contrevents ,
jalousies , volets, persiennes, etc.; les mangeoires,
rateliers , barres à séparer les chevaux , le ra-
monage des cheminées , les poêles , grilles à fourneaux , l'aire des fours , celle des granges , les
pierres à laver, les bornes , barrières , les auges de
cour , etc. (Voyez la Jurisprudence générale, par
Dalloz, tome 9 , page 935).

Au reste, le curage des fosses d'aisance et des
puits est à la charge des propriétaires (art. 1756
du Code civil).

(2) *Des contestations entre les maitres et leurs
aprentis.* Ce paragraphe fixe sur ce point la compétence. Maintenant les juges de paix connaîtront
sans restriction et sans incertitude de l'exécution
des engagements entre les maîtres et leurs aprentis ; et l'arrêt de la Cour suprême du 22 décembre 1835, qui avait jugé que leur compétence
n'existait , à l'égard de pareils engagements ,
qu'autant que la demande n'excéderait pas en
principal et dommages-intérêts 100 francs , ne
peut plus être invoqué.

Nota. Par ces mots : *ou gens de service à
gages* , on doit comprendre les salaires des secrétaires , des bibliothécaires , des précepteurs , et

des commis , même de ceux de négociant. Ce principe , surtout à l'égard des commis de négociant , est constant ; il est consacré par les Cours royales de Metz , de Rouen , de Bourges , de Paris et autres : celui relatif aux précepteurs , secrétaires , etc. , est positif aussi. Voyez Henrion de Pansey , page 340.

Les tribunaux de commerce ne veulent pas souscrire à la jurisprudence relative aux commis. Le mot *marchand* est la seule chose qui les frappe. Ils ne veulent pas voir que la généralité des termes de la loi , qui attribue aux juges de paix de connaître du paiement des gages et salaires, à quelque somme que la demande soit portée, et sans aucune distinction ni exception, comprend les commis, qui sont comme tout autre, des gens à gages.

Quant aux allous ou marchés à forfait , la loi nouvelle n'en parle pas précisément ; mais nous estimons que le juge de paix peut en connaître , si la demande n'excède pas 200 francs ; et surtout si le total du marché ne dépasse pas cette somme. C'est ce qui résulte implicitement d'un arrêt de la cour de Cassation du dix janvier 1809, basé sur le principe général qui attribue aux justices de paix la connaissance de toutes actions personnelles et mobilières.

(25)

(4) *A la juridiction des prud'hommes* C'est
une juridiction paternelle, créée par la loi du 18
mars 1806, suivie d'un réglement, en date du
11 juin 1809, établie dans différentes villes de
commerce pour juger principalement les différents
entre les marchands, manufacturiers, etc., relativement à leurs marques; et entre ceux-ci et leurs
commis et aprentis, pour les difficultés relatives
aux opérations de la fabrique. Dans les endroits où
sont établies ces juridictions, les juges de paix ne
peuvent connaître des objets qui leur sont attribués.

(5) *Des contestations relatives au paiement des
nourrices*. Ainsi, quelle que soit la somme que
réclame une nourrice, quelque laps de temps
qu'elle ait laissé écouler, pourvu que l'enfant soit
encore en sa possession, ou qu'elle l'ait rendu
depuis moins d'un an, le juge de paix peut connaître de sa demande; observez qu'en cas d'insol-
vabilité des père et mère de l'enfant, la nourrice
a le droit de demander son paiement aux ascendants (arrêt du 25 août 1831).

(6) *A l'égard des nourrices de la ville de Paris
et de toutes autres villes*. On sait qu'à Paris,
Lyon, et autres villes, il y a des bureaux de nourrices
spécialement établis pour les enfants-trouvés. Ces
bureaux ont des réglements, des administrateurs

particuliers. C'est à ses administrateurs à régler et à connaître de tout ce qui résulte de ces réglements ; et les juges de paix n'ont rien à statuer à cet égard, à moins que les administrateurs ne s'adressent à eux pour forcer une nourrice à s'y conformer.

(7) *Autrement que par voie de la presse.* Cette restriction a été ajoutée par la commission de la Chambre des députés, et adoptée par elle et par la Chambre des pairs. Ainsi, toutes les fois que les injures dont on aura à se plaindre auront été imprimées, le juge de paix ne pourra en connaître ; il faudra qu'il renvoie devant le tribunal de première instance.

(8) *Pour rixes et voies de fait.* D'après ce paragraphe, toutes injures quelles qu'elles soient, publiques ou non publiques, ainsi que toutes rixes et voies de fait, sont de la compétence du juge de paix, comme juge civil ; il n'en est pas de même, comme juge de police ; on doit alors, pour citer devant lui, suivre les dispositions de la loi du 17 mars 1819 ; et, suivant la gravité de l'injure ou sa publicité, citer en police correctionnelle ou en police simple ; mais quand on veut se borner à la voie civile, ce qu'on est libre de faire, c'est au juge de paix à en connaître, quand bien même il résulterait, des rixes et voies de fait, effusion de sang.

ARTICLE 6.

Les juges de paix connaissent *en outre
à charge d'appel* (1) :

1°. Des entreprises commises dans
l'année sur les cours d'eau, servant *à
l'irrigation des propriétés, et au mouvement des usines et moulins* (2), sans
préjudice des attributions de l'autorité
administrative dans les cas déterminés
par les lois et par les réglements.

Des dénonciations de nouvel œuvre (3),
complainte, *action en réintégrande* (4)
et autres actions possessoires, fondées
sur des faits également commis dans
l'année.

2°. *Des actions en bornage* (5), de
celles relatives à la distance prescrite par
la loi, les réglements particuliers et
l'usage des lieux, *pour les plantations des
arbres ou des haies* (6), lorsque la propriété ou les titres qui l'établissent, ne sont
pas contestés.

3°. Des actions relatives aux construc-
tions et travaux *énoncés dans l'article
674 du Code civil* (7), lorsque la propriété ou la mitoyenneté du mur ne sont
pas contestées.

4°. *Des demandes en pension alimentaire, n'excédant pas 150 fr. par an* (8),
et seulement lorsqu'elles sont formées en
vertu des articles 205, 206 et 207 du
Code civil.

(1) *En outre à charge d'appel.* Ces mots font
sous-entendre, à quelque valeur que la demande
puisse s'élever. Au reste, l'étendue et l'exécution
de cet article, en tant qu'il embrasse toutes les
actions possessoires et en complainte, sont fixées
depuis long-temps : dans les premières années et
sous l'empire de la loi du mois d'août 1790,
les juges de paix jugaient souverainement et en
dernier ressort, jusqu'à la valeur de 50 francs,
les actions possessoires et en complainte ; et
c'était l'exploit d'action qui faisait la règle à cet
égard : mais bientôt la cour de Cassation crut
devoir restreindre cette compétence, c'est à-dire

autoriser l'appel dans toutes les actions possessoires, quelque mince qu'en fût l'importance ; et
cela, parce qu'on voyait avec raison, selon nous,
dans ces actions , une action mixte. Nous ne
sommes donc pas étonnés de voir cet article six de
la nouvelle loi, dire que le juge de paix n'en
connaîtra qu'à charge d'appel.

(2) *A l'irrigation des propriétés et au mouvement des usines et des moulins.* Ceci semble
être une répétition de ce qui est dit dans le
paragraphe Ier. de l'article 5 ci-dessus ; mais
avec un peu d'attention , on aperçoit la différence : dans le premier , il ne s'agit que du curage des canaux , servant à l'irrigation ou au
roulement des usines ; dans celui-ci, au contraire ,
il est question d'entreprises commises sur les canaux ou cours d'eau ; de là la différence dans le
résultat de l'action. La première peut être jugée
souverainement et en dernier ressort , si la valeur
de la demande est de cent francs et au-dessous
d'après l'exploit ; celle tendant à réprimer les
entreprises sur les cours d'eau, est toujours susceptible d'appel , parce qu'elle est une action mixte et
possessoire.

Quoique la loi ne parle ici que des cours d'eau
servant à l'irrigation des propriétés et au mouve-

ment des usines et moulins, la compétence des juges de paix n'est pas pour cela restreinte à ces sortes d'eaux : elle s'étend sur toutes , excepté sur les eaux pluviales , parce qu'en général les eaux vives ou mortes sont susceptibles d'une possession caractérisée, ainsi que nous l'enseigne la Jurisprudence : c'est ce qui résulte positivement de deux arrêts rendus par la Cour suprême, les 24 février 1808, et 19 juin 1810, recueillis l'un et l'autre dans le journal de M. de Foulan, tome 4, page 47 et 53.

Nous disons, *excepté les eaux pluviales.* Il est de principe, en effet, que les eaux qui sont purement accidentelles, appartiennent au premier occupant, et que le trouble dans la possession de ces eaux n'autorise pas la complainte. Voyez le Traité des servitudes , par Pardessus , p. 120, et une dissertation fort bien faite par M. de Foulan, dans son excellent journal, tome 4, page 7, à la suite d'un arrêt de la cour de Cassation du 14 janvier 1823 , qui juge que la complainte n'est pas recevable de la part de celui qui est troublé dans la possession des eaux pluviales , quelle que soit cette possession.

(3) *Des dénonciations de nouvel œuvre.* C'est la plainte qu'un propriétaire se croit fondé à porter

contre son voisin, pour des travaux que celui-ci
fait sur lui, mais qui causent un préjudice au
demandeur ; alors le juge de paix interpose son
autorité, et défend au voisin de continuer, jusqu'à ce que le juge du pétitoire ait statué.

Ce serait une erreur de croire que, pour tirer
avantage de cette dénonciation, il suffirait de faire
des défenses extrajudiciaires à celui dont on veut
faire cesser les travaux ; il faut nécessairement
le citer en justice, et obtenir des défenses du
juge de paix, seul compétent pour les prononcer ;
parce que cette dénonciation de nouvel œuvre
équivaut à une action en complainte; mais une
fois les défenses prononcées, les parties, en cas de
plus longue contestation, doivent se présenter devant le tribunal civil, seul compétent pour les con-
firmer ou les faire livrer, parce qu'alors l'action
devient pétitoire.

On a cru pendant long-temps que, pour que
cette action fût admise, il fallait que l'ouvrage ne
fût pas achevé. C'était une erreur que la Cour
suprême avait consacrée plusieurs fois; mais mieux
éclairée, elle est revenue aux vrais principes ; et,
par ses arrêts du 22 mai 1833,—17 juin 1834,—
18 mars et 25 juillet 1836, elle a jugé que l'action
en dénonciation de nouvel œuvre était recevable,

quoique les travaux fussent terminés, pourvu qu'elle fût intentée dans l'année du trouble : alors le juge de paix y statue comme sur une action possessoire, parce que les dénonciations de nouvel œuvre, sont de véritables interdits, et que les interdits ne sont autre chose que des actions possessoires, ainsi que s'en explique *Vinnius* en ces termes : *interdicta nihil aliud sunt quàm actiones quibus de possessione disceptatur.*

Mais s'il est constant que le juge de paix soit compétent de connaître de l'action en dénonciation de nouvel œuvre, sous le rapport du possessoire, il doit aussi, sous le même rapport, être compétent de connaître de la plainte d'un propriétaire, tendant à faire condamner son voisin à réparer, étager et même démolir sa maison qui menace ruine, et dont la chute pourrait entraîner la sienne.

Si nous consultons la loi romaine, l'affirmative n'est pas douteuse; et Henrion de Pansey, qui met cette action au nombre des interdits, la range dans la même classe que la dénonciation de nouvel œuvre. C'est, nous dit-il, ce que le préteur appelle l'action *de damno infecto*, c'est-à-dire, l'action pour dommage non fait, mais accordée à celui qui a de justes sujets d'en craindre.

Il est vrai que quelques jurisconsultes, prenant

trop à la lettre les dispositions de l'article 1386 du code civil , ont prétendu qu'il fallait que le dommage fût effectif et arrivé ; mais cette opinion n'a pas prévalu, et La Porte en ses Pandectes, Le Page en son nouveau Desgodets , Merlin en son Répertoire universel , et Fournel dans son Traité du voisinage, s'accordent tous pour ranger sur la même ligne l'action *de damno infecto*, et la dénonciation de nouvel œuvre ; ils disent donc que tout propriétaire est fondé à prendre contre son voisin la voie de la complainte , pour le forcer à réparer , étayer , ou même démolir sa maison qui menace ruine , et dont la chute peut lui donner de justes craintes pour la sienne. Il est donc vrai de dire , que le juge de paix est compétent de connaître de cette action. Voyez le chapitre 33 de la Compétence des juges de paix , par Henrion de Pansey. 3ᵉ. édition.

(4) *Des actions en réintégrande.* Quelques jurisconsultes , entr'autres MM. Toulier et Poucet , ont professé que dès-là que le code de procédure civile ne parlait pas de cette action, elle était abolie; cependant on l'admettait dans la pratique; et la loi nouvelle, qui en parle expressément, ne laisse plus d'incertitude sur la validité de cette action : mais il ne faut pas la confondre avec celle en com-

plainte possessoire. Henrion de Pansey la différencie sous plusieurs rapports.

1°. Dit-il, pour intenter l'action en réintégrande, il faut avoir été réellement dépouillé ; au lieu qu'il suffit d'être troublé dans sa possession pour former la complainte.

2°. Pour la complainte il faut avoir *saisine*, c'est-à-dire, avoir possédé pendant le cours de l'année qui a précédé le trouble ; tandis que pour la réintégrande, il suffit de prouver qu'on possédait au moment de la spoliation.

3°. Celui qui succombe sur une demande en complainte, ne peut plus agir qu'au pétitoire ; tandis que la voie possessoire est encore ouverte à celui qui sur une demande en réintégrande a été condamné.

4°. Enfin, la complainte ne peut être intentée que par action civile : le demandeur en réintégrande, au contraire, a le choix entre l'action civile et l'action criminelle. C'est de ces différences qu'il résulte qu'un fermier, qu'un possesseur à titre d'antichrèse, et tout possesseur précaire peut intenter cette action, et provoquer en sa faveur l'application de la maxime de droit, *Spoliatus ante omnia restituendus.* Le juge de paix est donc compétent de connaître d'une action en réintégrande. Mais

(35)

peut-il connaître aussi d'une demande en garantie
contre celui qui a donné lieu à la voie de fait, pour
raison de laquelle il y a action ? Oui : les jurisconsultes Sircy , Biret, De Foulan et Dalloz sont
tous d'accord sur ce point, confirmé d'ailleurs
par un arrêt de la Cour suprême du 11 janvier 1809.

La raison de douter venait de ce qu'on préten-
dait, que c'était confondre le pétitoire avec le possessoire.

Nul doute donc que d'après la loi nouvelle, l'action
en réintégrande est maintenant autorisée , et est
de la compétence du juge de paix ; mais peut-il
condamner par corps celui contre lequel il la
prononce pour le forcer à l'exécuter. L'article
1060 du Code civil répond affirmativement à
cette question , et ce n'est pas le seul cas où le
juge de paix est autorisé à prononcer la contrainte
par corps. Il le peut encore toutes les fois qu'en
matière civile, il condamne, dans le cercle de ses
attributions , une partie à restituer un dépôt nécessaire , ou à payer une somme au-delà de trois
cents francs de dommages-intérêts (Art. 126 du
code de procédure civile). Mais nous estimons
qu'il faut que la contrainte par corps soit conclue
et demandée , et qu'elle ne peut être ordonnée
d'office.

. (5) *Des actions en bornage*. Ceci est encore une innovation en faveur de la compétence des juges de paix. Avant la loi nouvelle , on était obligé, pour se faire borner avec son voisin, de le citer en conciliation , et de l'assigner devant le tribunal civil ; de là beaucoup de frais , et souvent pour très-peu de chose.

Au reste, il ne faut pas confondre la délimitation avec le bornage : la première, qui consiste en bornes naturelles qu'on appelle bornes de foi, telles qu'épines, érables, têtards, etc., n'empêche pas l'action en bornage ; et ce serait vouloir éluder les termes impératifs de l'article 646 du code civil , qui veut que dans tous les cas on puisse forcer son voisin à planter des bornes , que de prétendre qu'il est non recevable , parce que les propriétés respectives sont délimitées par des bornes de foi. Ce principe est consacré par un arrêt de la Cour de cassation du 30 décembre 1818 (Voyez Sirey, tome 19 , page 232. — Journal de Foulan , tome 10 , page 320).

Le juge de paix connaîtra donc de l'action en plantation de bornes ; il pourra, en se transportant sur les lieux, ordonner et faire opérer lui-même cette plantation, ou désigner un homme à ce connaisseur, qui les fera planter, et dressera du tout un procès-verbal sur lequel le juge statuera à l'audience, sauf l'appel.

L'article 646 du Code civil dit que le bornage se fera à frais communs ; c'est-à-dire qu'ils doivent être supportés à proportion de l'étendue de la propriété de chacun. Telle est l'opinion assez généralement reçue (Voyez le Traité des servitudes par Pardessus , page 217.—Le dic. du no., tome 5, page 295).

(6) *Pour les plantations des arbres et des haies.* Ici, pour ces sortes de plantations, il faudra consulter les réglements particuliers à chaque pays, et celui du 17 août 1751, fait pour les biens situés dans l'ancienne Normandie, qui dit, articles 5 et 6, que les arbres doivent être plantés à 2 mètres 33 centimètres (7 pieds) de distance du fond voisin ; et article 10, que les haies à pied peuvent être plantées à un demi-mètre (un pied et demi).

(7) *Enoncés dans l'article* 674. Cet article renvoie aux réglements et usages particuliers, pour le pays Normand dans lequel nous écrivons ; il faut donc recourir aux articles 613 et 614 de la coutume de Normandie, qui disent que pour les puits et fosses d'aisance qu'on veut établir près de son voisin, il faut faire construire un contre-mur de trois pieds d'épaisseur ; et pour les che-

minées , forges ou fourneaux, il faut laisser un demi-pied de vide d'intervalle entre les deux murs.

(10) *Des demandes en pension alimentaire , n'excédant pas 150 fr.* Ici la Chambre des Pairs a augmenté de 50 fr. Ce taux nous paraît encore bien minime ; car quel est l'ascendant , quel est l'enfant qui peut être suffisamment alimenté pendant une année pour une somme de 150 fr. ? Il est vrai qu'il pourra, s'il veut obtenir davantage, s'adresser au tribunal civil ; mais quels frais ne faudra-t-il pas faire ; et combien de temps ne faudra-t-il pas languir après sa pension ?

Au reste, une telle demande est limitée dans les dispositions des articles 205, 206 et 207 du code civil , c'est-à-dire qu'elle doit être formée par un père, une mère , ou autres ascendants contre leurs enfants, petits-enfants, gendres et belles-filles ; et réciproquement par les enfants , petits enfants ou gendres, contre leur père , mère ou ascendants.

Mais *quid ?* s'il s'agissait de la demande en pension alimentaire, formée par un enfant naturel légalement reconnu ? Le juge de paix serait-il également compétent de connaître d'une pareille demande, soit qu'elle fût faite par l'enfant contre son père ou sa mère , ou par ceux-ci contre lui ? Oui : pourvu que la demande n'excédât pas 150 fr.

(39)

Il est vrai que les articles du code civil cités ne contiennent aucune disposition expresse en faveur des enfants naturels ; mais la jurisprudence les a assimilés à cet égard aux enfants légitimes (arrêt de la cour de Cassation du 17 août 1811). Il y a donc même raison de décider.

Il est de principe que le paiement de ces sortes de pensions est solidaire, et qu'elles sont insaisissables (Voyez sur cela jurisprudence générale par Dalloz, tome Ier., pages 332 et 335).

Nota. Cet article 6 comprend généralement toutes les actions possessoires quelles qu'elles soient ; elles sont inclusivement de la compétence du juge de paix.

Nous ne nous sommes point arrêtés ici à faire l'énumération de toutes les actions qui sont possessoires : la jurisprudence les a fixées depuis long-temps ; le détail en serait d'ailleurs trop long et fastidieux : mais, si l'on veut en avoir une idée juste et précise, on la trouvera dans les tables alphabétiques et fort bien raisonnées de l'excellent journal spécial des justices de paix, rédigé par M. Julhe de Foulan, qui s'imprime à Paris, rue Neuve-des-Bons-Enfants, n.3, et dont nous n'eussions été que le compilateur.

ARTICLE 7.

Les juges de paix connaissent de toutes *les demand es reconventionnelles ou en compensation* (1) qui, par leur nature ou leur valeur , sont dans les limites de leur compétence, alors même que dans les cas prévus par l'article premier, les demandes réunies à la demande principale s'élève-raient au-dessus de 200 fr.

Ils connaissent en outre, à quelque somme qu'elles puissent monter, des demandes reconventionnelles en *dommages-intéréts* (2),fondées exclusivement sur la demande *principale elle-méme.*

(1) *Des demandes reconventionnelles ou en compensation.* D'après cet article , les demandes reconventionnelles , en tant qu'elles sont pures personnelles et mobilières, ou relatives à une action possessoire, et autres, ne peuvent plus changer la nature de la demande principale. Ces principes ont été quelque temps controversés ; mais déjà

(41)

la jurisprudence les avait fixés d'après l'opinion très-bien motivée de Henrion de Pansey, qui dit page 64 de son traité de la Compétence des juges de paix :

La demande reconventionnelle suit le sort de la demande principale ; autrement les particuliers pourraient se jouer scandaleusement de la nature des juridictions.

(2) *En dommages-intérêts.* Les principes ci-dessus s'appliquent à plus forte raison aux demandes en dommages-intérêts formées reconventionnellement. Ces demandes ne peuvent faire changer la nature de la demande principale, et elles en suivent toujours le sort et le résultat, même quand ce serait le défendeur qui, après avoir établi le peu de fondement de la demande principale, et pour en obtenir réparation, concluerait en des dommages-intérêts considérables. Ceci est le résultat de la Jurisprudence de la Cour de cassation (Arrêt du 19 avril 1830 et 14 août 1832, rapportés dans le Journal spécial de Foulan, tome 11, page 97, et tome 15, page 96).

ARTICLE 8.

Lorsque chacune des demandes principales reconventionnelles ou en compensation sera dans les limites de la compétence du juge de paix *en dernier ressort* (1) , il prononcera sans qu'il y ait lieu à l'appel. Si l'une de ces demandes n'est susceptible d'être jugée qu'à charge d'appel, le juge de paix ne prononcera *sur toutes qu'en premier ressort* (2).

Si la demande reconventionnelle ou en compensation excède les limites de sa compétence , il pourra soit retenir le jugement de la demande principale, soit renvoyer sur le tout *à se pourvoir devant le tribunal de première instance* (3).

(1) *En dernier ressort.* Il suffit donc que chacune de ces demandes prises isolément n'excède pas 100 fr. , pour qu'elles soient jugées en dernier ressort, quoique réunies ensemble elles s'élevassent à 200 fr.: ainsi, par exemple , si la demande principale était de 90 fr., et la demande reconventionnelle de 100 , le jugement serait en dernier ressort, *et vice versâ.*

(4³)

(2) *Ne prononcera sur toutes qu'en premier ressort.* Toutefois, il ne faut pas disconvenir que le second paragraphe de cet article 8 semble contredire, ou du moins être en opposition avec ce que nous avons dit sur l'article 7 : car il paraîtrait, d'après le second paragraphe, que le défendeur, en formant une demande reconventionnelle ou en compensation exorbitante, sera toujours le maître d'éluder la juridiction en dernier ressort du juge de paix. Henrion de Pansey est bien loin d'adopter ce principe.

La demande reconventionnelle, dit-il, *est bien une prorogation de juridiction ; mais cette juridiction prorogée demeure, après la prorogation, ee qu'elle était auparavant ; de manière que si elle était en dernier ressort, elle conserve cette prérogative : sans cela le défendeur, toujours maître de former une demande reconventionnelle, de s'en désister, de la reprendre ensuite, pourrait alternativement enlever et rendre à ses juges le droit éminent de statuer en dernier ressort.*

(3) *A se pourvoir devant le tribunal de première instance.* Il est vrai que, d'après le troisième paragraphe, le juge peut statuer sur la demande principale, et renvoyer celle reconventionelle ou en compensation devant le tribunal de première ins-

tance. A ce moyen il ne sera pas dépouillé ; mais le procès ne sera pas entièrement terminé, et le législateur aurait dû parer à cet inconvénient.

Des deux articles ci-dessus il résulte donc , 1°. que quoique la demande reconventionnelle ou en compensation soit exorbitante, quoique jointe à la demande principale , elle excède de beaucoup le taux déterminé par la loi pour la compétence du juge de paix, celui-ci n'est pas moins autorisé à statuer en premier ressort , sitôt que la demande principale est dans les limites que la loi a déterminées pour sa compétence ;

2°. Que, quant au dernier ressort, le juge ne peut statuer souverainement qu'autant que la demande reconventionnelle n'excède pas 100 fr.; mais que, si elle est plus élevée, alors le juge a le droit de n'y faire attention que pour la renvoyer devant le tribunal de première instance , et peut dès-lors statuer sur la demande principale en dernier ressort.

3°. Que , quant aux dommages-intérêts demandés reconventionnellement, ils suivent le sort de la demande principale , à quelque taux que ces dommages-intérêts soient portés.

ARTICLE 9.

Lorsque plusieurs demandes formées

(45)

par la même partie seront réunies dans
une même instance , le juge de paix ne
prononcera *qu'en premier ressort* (1) ,
si leur valeur totale s'élève au-dessus de
cent francs, lors même que quelques-
unes de ces demandes seraient inférieures
à cette somme.

Il sera incompétent sur le tout (2) si
les demandes excèdent par leur réunion
les limites de sa juridiction.

(1) *Qu'en premier ressort.* Cet article est assez
clair : il est bon cependant d'en fixer le sens et
l'étendue à l'aide de la jurisprudence.

La cour de Cassation en effet a jugé, 1°. le 7 juin
1810, qu'un juge de paix pouvait statuer en dernier ressort sur une action composée de deux chefs,
qui réunis excédaient sa compétence souveraine,
sitôt qu'un des chefs était acquiescé et reconnu
par le défendeur, et que celui en litige n'excédait
pas le dernier ressort.

2°. Le 9 mars 1825, que, lorsque le demandeur, en présence du défendeur, réduit sa demande
à l'audience au taux du dernier ressort, le juge
alors pouvait statuer souverainement.

3°. Elle a jugé encore les 2 février 1814 , 7 juin 1824 , et 29 décembre 1830, qu'une demande qui n'excédait pas le dernier ressort , quoique résultante et fondée sur un titre beaucoup plus fort, pouvait être souverainement jugée par le juge de paix , quoiqu'il ait eu à statuer sur la validité du titre , et qu'il en ait déclaré la signature reconnue et exécutoire.

(2) *Il est incompétent sur le tout.* Ce paragraphe nous paraît à peu près inutile ; car , sitôt que la demande pure personnelle et mobilière excède 200 fr., l'incompétence est incontestable ; parce qu'en règle générale, c'est la prétention du demandeur, c'est son exploit d'action qui détermine sa compétence ; et que, s'il a réuni ensemble plusieurs demandes, on doit en conclure qu'il a voulu les confondre en une seule. Mais pourquoi , dira-t-on, a-t-il été devant le juge de paix? est-ce que le défendeur ne pourrait pas en ce cas demander jugement sur le fond? Non : parce que les juridictions sont d'ordre public , et parce que le juge excéderait alors les pouvoirs que la loi lui a donnés. Le défendeur pourrait seulement demander *défaut congé,* et comme il est de principe qu'un tel défaut n'est pas susceptible d'appel , la partie qui l'aura obtenu , aura la certitude que la

demande inconsidérée qu'on lui faisait ne pourra plus se renouveler que par la voie de l'opposition.

Il n'y aurait en ce cas qu'un moyen pour que le juge de paix pût statuer valablement ; ce serait que les parties déclarassent positivement proroger sa juridiction , et demandassent jugement aux termes de l'article 7 du code de procédure civile. Elles devraient alors signer leur déclaration.

ARTICLE 10.

Dans le cas où la saisie-gagerie ne peut avoir lieu *qu'en vertu de permission de justice* (1), cette permission sera accordée par le juge de paix du lieu où la saisie devra être faite , toutes les fois que les causes rentreront dans sa compétence (2).

(2) *S'il y a opposition* de la part des tiers pour des causes et des sommes, qui réunies excéderaient cette compétence, le jugement en sera déféré aux tribunaux de première instance.

(1) *Qu'en vertu de permission de justice.* Ceci

est la conséquence de ce qui est dit en l'article 3 ci-dessus, qui autorise le juge de paix à connaître de la demande en validité de saisie-gagerie, pourvu que la location n'excède pas annuellement, à Paris, 400 fr., et partout ailleurs, 200 fr. : ainsi, quand le bail verbal ou par écrit sera de quatre ou de deux cents francs de fermages, ou au-dessous, le propriétaire qui voudra faire saisir-gager, de suite et sans commandement préalable, les meubles et les récoltes de son fermier ou locataire, présentera requête au juge de paix du lieu, et lui demandera l'autorisation nécessaire pour saisir-gager ; cette autorisation lui sera accordée ; et quelque somme qui soit due, sitôt qu'elle n'aura pour principe qu'une location annuelle, au plus de 400 ou de 200 fr., le juge de paix en connaîtra dans les limites posées par l'article trois, c'est-à-dire, à quelque taux que la demande puisse s'élever ; car il pourrait se faire qu'il fût dû au propriétaire plus d'une année de loyer ou de fermages. Mais la permission ou l'ordonnance que la loi autorise ci le juge de paix d'accorder, doit-elle être revêtue de la forme exécutoire ? Nous ne faisons aucun doute sur l'affirmative de cette question, et ceci s'induit naturellement de l'article 545 du code de procédure civile, qui porte que nul juge-

ment *ni acte* ne pourront être mis à exécution ;
s'ils ne portent le même intitulé que les lois, et
ne sont terminés par un mandement aux officiers
de justice.

Nous savons que cette formalité essentielle n'est
pas habituellement observée dans la pratique,
mais si on venait à invoquer la nullité résultante
de son inobservation. pourrait-on valablement se
dispenser de l'accueillir ? Nous ne le pensons pas,
et nous conseillons de l'employer toutes les fois
qu'il s'agira de faire mettre sous la main de justice
tout ou partie des meubles d'un fermier ou locataire débiteur.

(2) *S'il y a opposition de la part des tiers.* Les
oppositions des tiers, qui peuvent avoir des intérêts
majeurs à discuter, doivent en effet empêcher le
juge de paix de connaître des suites de la saisie-
gagerie : en ce cas, il renverra les parties devant
le tribunal de première instance, sitôt que les
sommes réunies demandées par les tiers excède-
raient sa compétence, et sitôt encore qu'il y aurait
lieu à l'examen et à la discussion des titres.

Cependant si c'était des gens à gages, des domestiques, des journaliers, etc., qui réclameraient
leurs salaires ; ou des nourrices qui demanderaient
les mois de leurs nourrissons, le juge de paix serait

compétent de statuer , à quelque taux que la demande puisse s'élever, et quand bien même il serait
question de prononcer sur des billets, obligations ,
ou reconnaissances à ce spécialement relatifs.

Nota. Puisque cet article parlait des saisies-
gageries, il eût été bon peut-être qu'il parlât aussi
des saisies-arrêts , des saisies-exécutions ; mais le
silence du législateur , à l'égard de ces actes
conservatoires , peut-il être interprété de manière
à conclure, que le juge de paix ne peut en aucun
cas connaître de ces sortes d'actes ? Nous sommes
loin de le croire, et nous pensons, au contraire ,
avec Locré, tome 1er., page 78, avec Biret,
tome 1er. , page 221, et tome 2, page 228, de
sa Jurisprudence sur les attributions des justices
de paix, et avec la Cour suprême, d'après son
arrêt rapporté per Sirey , tome 13 , 1re. partie ,
page 214 , que tout juge de paix est compétent
d'autoriser sur requêtes des saisies-arrêts et des
saisies mobilières, pourvu que la somme demandée
n'excède pas 200 francs ; et qu'il pourra statuer
sur les saisies faites en exécution de ses jugements
et ordonnances, si toutefois il n'y a pas lieu à
ordre et distribution de deniers entre divers créan-
ciers ; voyez ce que nous disons sous l'article onze
ci-dessous.

ARTICLE II.

L'exécution provisoire (1) des jugements sera ordonnée dans tous les car
où il y a titre authentique, promesse
reconnue, ou condamnation précédente
dont il n'y a point d'appel.

Dans tous les cas, le juge pourra ordonner l'exécution provisoire, nonobstant
l'appel, sans caution, lorsqu'il s'agira de
pension alimentaire; ou lorsque la somme
n'excédera pas trois cents francs (2) et
avec caution au-dessus de cette somme.

*La caution sera reçue par le juge de
paix* (3).

(1) *L'exécution provisoire.* Rien de si positif que
ce que prescrit cet article. D'après son énoncé et
les dispositions de l'article suivant, on ne viendra
plus prétendre sans doute, que les juges de paix
ne peuvent connaître dans aucun cas de l'exécution
de leurs jugements ; ce serait se mettre en contradiction manifeste avec ce que disent ces deux
articles.

Nous croyons donc plus que jamais, que l'exécution des jugements des juges de paix leur est formellement attribuée ; et , qu'à moins qu'il ne s'agisse des intérêts d'un tiers, ou de saisies immobilières, ils ont droit de connaître de cette exécution ; car qui veut la fin veut les moyens.

Nous ne doutons pas cependant qu'il y aura encore beaucoup de controverses. On répétera peut-être encore que la juridiction de paix, parce qu'elle est une juridiction extraordinaire et exceptionnelle , doit se restreindre aux seuls cas qui lui sont expressément délégués par la loi ; on dira avec emphase que le principe est fondamental , qu'il est fécond en conséquences, et qu'on ne peut le perdre de vue sans s'exposer à tomber dans de graves erreurs ; on conclura de là , que pour que les juges de paix pussent connaître de l'exécution de leurs jugements, il faudrait que la loi l'eût expressément dit ; qu'elle ne leur attribue nulle part cette faculté ; qu'ils ne peuvent donc en connaître.

Nous sommes loin de nous rendre à ces raisonnements ; ils sont plus spécieux que solides.

Les tribunaux de paix, il est vrai, sont des tribunaux d'exception , parce que leur compétence est circonscrite dans certains genres d'affaires.

Mais où a-t-on vu, dans quel code a-t-on puisé

qu'un tribunal exceptionnel ne peut connaître de l'exécution de la décision qu'il a rendue ? est-ce qu'autrefois les juges de l'élection, ceux des tribunaux d'amirauté, des hautes-justices, des vicomtés, etc., qui tous étaient des tribunaux d'exception, ne connaissaient pas de l'exécutio de leurs jugements.

Est-ce que depuis la révolution, lorsque la loi a voulu que les tribunaux d'exception qu'elle créait ne connussent pas de cette exécution, elle ne s'en est pas formellement expliquée ?

Le code de procédure civile, en effet, au titre de la procédure devant les tribunaux de commerce, qui sont des tribunaux d'exception, a dit (art. 442), que ces tribunaux ne connaîtraient pas de l'exé-cution de leurs jugements ; et par son article 553, il ajoute que les contestations élevées sur l'exécu-tion des jugements des tribunaux de commerce, seraient portées au tribunal de première instance du lieu où l'exécution se poursuivra.

Nulle part la loi n'en dit autant pour les justices de paix : elles sont donc restées dans le droit commun ; et, avec un peu de bonne foi, n'est-on pas forcé de convenir que l'exception employée contre les tribunaux de commerce, est tout en faveur des tribunaux de paix ; et que le législa-teur n'a pas voulu que, pour des objets de peu d'importance , l'exécution fût plus onéreuse aux parties que la condamnation.

(2) *Sans caution jusqu'à 300 francs.* Ceci est la répétition de l'article 17 du code de procédure civile; et toutes les fois qu'un jugement n'excèdera pas 300 francs , le juge de paix pourra en ordonner l'exécution , sans qu'il soit besoin de donner caution.

Ne perdez pas de vue que l'exécution provisoire dont parle l'article que nous commentons , n'est pas dans tous les cas facultative ; elle doit être ordonnée et est de droit , toutes les fois que la condamnation est le résultat d'un titre authentique, d'une promesse reconnue , ou d'une condamnation précédente ; que dans ce cas la partie n'est point obligée de la demander, qu'elle doit être prononcée d'office ; et que dans le cas, au contraire, où il n'y a ni titre authentique , ni promesse , ni jugement pécédent , le juge est libre de l'accorder ou de ne pas l'accorder.

Mais si le juge omet de la prononcer , ou si la partie oublie de la demander , pourrait-il l'ordonner par un second jugement? Nous ne le pensons pas. On invoquerait avec avantage , sans doute , les dispositions de l'article 136 du code de procédure ; et tout ce qu'on pourrait faire , ce serait

(55)

de la demander et de l'obtenir sur l'appel ; mais
alors l'exécution provisoire n'est plus aussi formelle,
aussi péremptoire qu'elle l'était d'après l'article 7
dudit code, puisque cet article l'accordait *de plano,*
pour tous les jugements de la justice de paix qui
n'excédaient pas 3oo francs.

Remarquez d'ailleurs que l'exécution provisoire
dont il est question ici , ne peut être ordonnée
pour les dépens (art. 137 du code).

(3) *La caution sera reçue par le juge de paix.*
C'est donc devant lui qu'on discutera de la validité
des titres constatant la solvabilité de la caution
nonobstant l'appel (art. 521 du code de procédure). Comment pouvoir soutenir, d'après cela,
que l'exécution des jugements des juges de paix ne
leur appartient pas , dès là qu'il n'existe aucune
prohibition formelle à cet égard.

ARTICLE 12.

S'il y a péril en la demeure, l'exécution
provisoire pourra être ordonnée *sur la
minute du jugement* (1), avec ou sans
caution, conformément aux dispositions
de l'article précédent.

(1) *Sur la minute du jugement*. L'énoncé en cet article confirme de plus en plus ce que nous venons de dire sur l'exécution des jugements des juges de paix.

Comment concevoir en effet qu'un juge pourra autoriser une partie de faire signifier en cas d'urgence, sur sa minute, le jugement qu'il vient de rendre, de faire saisir, revendiquer, de poursuivre enfin par toutes les voies de droit l'exécution de sa décision ; et que la partie condamnée sera libre d'arrêter, de paralyser les poursuites et d'empêcher de les continuer, en articulant qu'il faudrait pour la continuation de ces poursuites que le juge connût de l'exécution de son jugement, et qu'il n'en a pas le droit ? Professer un tel paradoxe, n'est-ce pas vouloir mettre la loi en contradiction avec elle-même?

ARTICLE 13.

L'appel des jugements des juges de paix ne sera pas recevable, ni avant les trois jours qui suivront *celui de la prononciation des jugements* (1), à moins qu'il n'y ait lieu à l'exécution provisoire,

(57)

ni après les trente jours qui suivront la
signification , à l'égard des personnes
domiciliées dans le canton.

Les personnes domiciliées hors du
canton auront pour interjeter appel, outre
le délai de trente jours , *le délai réglé
par les articles 73 et 1033 du code de
procédure civile* (2).

(1) *Celui de la prononciation des jugements*. Ce
paragraphe, selon nous, n'est pas suffisamment
expliqué ; car il est hors de doute que , par simi-
litude de l'article 450 du code de procédure civile,
l'exécution des jugements des tribunaux de paix
doit être suspendue pendant les trois jours pendant
lesquels on n'est pas recevable à en appeler : il
eût donc été à propos de le dire, et il faut supposer comme existante cette disposition dans la
loi.

Mais l'article ne parle pas des jugements par
défaut ; il faut donc dès-lors avoir recours au titre
trois dudit code qui reste dans toute sa force ; car
il est incontestable que si le jugement est par
défaut, on aura le choix de le choquer d'oppo-

sition ou d'en appeler ; c'est ce qui résulte de l'article 443 du code, rendu commun par la Juris-predence aux jugements par défaut des tribunaux de paix.

Si l'on s'y oppose, on doit le faire dans les trois jours, du jour de la signification faite par l'huissier du juge de paix, ou par tout autre par lui commis : si l'on en appelle, il faudra le faire dans les 3o jours qui suivront celui de la signification du jugement.

Observez 1°., que les trois jours accordés pour former son opposition ne sont pas francs, et que les jours fériés comptent, de manière que l'opposition à un jugement signifié le trois, doit être formée au plus tard le six, quand bien même il y aurait un ou deux jours de fêtes intermédiaires ; c'est ce qui résulte d'un arrêt de la Cour suprême du six juillet 1812.

2°. Que les trente jours, au contraire, accordés pour l'appel sont francs, de manière que le jour de l'échéance et celui de la signification ne comptent pas ; et, comme il est constant que l'article 156 du code de procédure, qui répute non avenus les jugements par défaut non exécutés dans les six mois de leur obtention, n'est pas applicable aux jugements des juges de paix (arrêt de la cour de

(59)

Cassation du 13 septembre 1809), il s'ensuit que
la partie , au bénéfice de laquelle est intervenu
un tel jugement, a trent ans pour le faire exécuter ; et que, si la partie condamnée a gardé le
silence , et n'a rien fait pour en provoquer la
réformation, pendant les trente jours qui lui étaient
accordés par la loi, à compter du jour de la signification, un tel jugement a acquis toute la force
de la chose jugée , qu'il soit par défaut ou contra-
dictoire.

(2) *Le délai réglé par les articles 13 et 1033 du
code de procédure.*Pour bien app récier cette disposition, il faut dire. d'après l'article 1033, que pour
ceux domiciliés hors le canton , et qui demeurent
en France, ce délai sera augmenté d'un jour à raison
de trois myriamètres de distance (sept lieues et
demie de poste) , et pour ceux non domiciliés en
France , le délai sera réglé d'après l'article 73.

ARTICLE 14.

(1) *Ne sera pas recevable l'appel* des
jugements mal à propos qualifiés en premier ressort, ou qui étant en dernier
ressort, *n'auraient point été qualifiés.*

Seront sujets à l'appel les jugements qualifiés en dernier ressort, s'ils ont statué soit *sur des questions de compétence* (2), soit sur des matières dont le juge de paix ne pouvait connaître qu'en premier ressort.

Néanmoins, si le juge de paix s'est déclaré compétent, l'appel ne pourra être interjeté *qu'après le jugement définitif* (3).

(1) *Ne sera recevable l'appel.* Les dispositions de ce premier paragraphe sont excellentes. Elles manquaient dans la première loi ; mais la jurisprudence les avait consacrées. (Voyez les arrêts cités dans notre présent commentaire sous l'article 9.)

(2) *Sur des questions de compétence.* Nous sommes fâchés de trouver ces mots dans le second paragraphe ; car l'expérience nous a appris qu'un plaideur, un chicaneur, qui veut se ménager les moyens d'appeler et de tourmenter son adversaire, propose souvent un déclinatoire assez mal fondé, mais à l'aide duquel il veut éloigner sa condamnation définitive.

(61)

(3) *Qu'après le jugement définitif.* Il est vrai que le troisième paragraphe fournit un remède à cet inconvénient, puisqu'il permet au juge de paix de se déclarer compétent , et l'autorise alors à statuer définitivement ; et comme l'exécution provisoire de son jugement peut être par lui ordonnée d'après l'article 11 de la présente loi , nous conseillons à tous les juges de paix, lorsque le déclinatoire ne leur paraîtra imaginé que pour vexer et tourmenter l'adversaire, de prononcer cette exécution provisoire.

Il n'est pas indifférent de dire ici que , si l'appel est autorisé pour cause d'incompétence dans les affaires en dernier ressort, le tribunal saisi de cet appel ne peut ni examiner ni annuler le fond. Il n'a le droit que de s'occuper du déclinatoire , car autrement, comme le dit très-bien la Cour suprême par son arrêt du 22 juin 1812, recueillis par M. de Foulan, tome 11 , page 56 ; il n'y aurait pas de jugement en dernier ressort qui ne pût être réformé par un tribunal d'appel , puisqu'il suffirait à la partie qui a été condamnée d'interjeter un appel pour cause d'incompétence , et que le tribunal qui serait saisi de cet appel pourrait même en rejetant les moyens d'incompétence s'immiscer dans le fond et réformer le jugement pour vice de forme ou pour mal jugé ; ce qui serait contraire au vœu de la loi.

Mais peut-on indistinctement appeler pour incompétence, quoiqu'on n'ait pas invoqué le moyen
devant le juge de paix ? oui, si l'incompétence
est *ratione materiœ*, parce qu'alors elle est absolue,
et qu'on peut la proposer en tout état de cause ;
mais si elle n'est qu'à raison de la quotité et de
l'objet du procès, il faut alors qu'elle ait été pro-
posée *à limine litis*, sans quoi on y est non recevable.

ARTICLE 15.

Les jugements rendus par le juge de
paix ne pourront être attaqués par la voie
du recours en cassation que pour *excès
de pouvoir* (1).

(1) *Excès de pouvoir.* L'article 77 de la loi du
27 ventose an 8, portait : il n'y a point d'ouverture
à cassation contre les jugements en dernier ressort
rendus par les juges de paix, si ce n'est pour incompétence ou excès de pouvoir.

La loi nouvelle qui admet dans tous les cas
l'appel pour incompétence, n'admet plus le recours
en cassation que pour excès de pouvoir, et cela

est juste, sitôt que le juge d'appel peut réformer le jugement incompétemment rendu.

L'excès de pouvoir peut donc seul donner droit au recours en cassation. Il est donc incontestable que toutes les fois que le juge de paix n'a pas excédé ses pouvoirs, c'est-à-dire, qu'il n'a pas, franchissant les bornes de l'autorité judiciaire, porté atteinte à l'ordre public, en s'immisçant dans les fonctions de la puissance législative ou du pouvoir exécutif, sa décision en dernier ressort est à l'abri de toute critique et pourvoi.

Mais, dira-t-on, en matière civile, et lorsqu'il y aura lieu en dernier ressort, le juge de paix pourra donc impunément s'écarter des formalités prescrites par la loi, même à peine de nullité ? Oui, si cela peut se supposer; et quand le législateur a dit que les jugements des juges de paix ne pouvaient être attaqués par le recours en Cassation que pour excès de pouvoir, il savait bien que le juge pourrait quelquefois, involontairement sans doute, violer la loi, *quant à la forme*; et cela ne l'a pas retenu dans le principe positif qu'il a posé : aussi Henrion de Pansey, page 535, ajoute-t-il : *La loi pleine de confiance dans la droiture des intentions du juge de paix, couvre d'un voile qu'aucune autorité n'a le droit de déchirer, tout ce qu'il fait dans le cercle de ses attributions.* Il n'y aura donc presque jamais lieu au recours en cassation contre les jugements rendus en dernier ressort en matière civile.

La loi nouvelle ne parle pas de la tierce opposition. Est-ce une raison pour induire de son silence qu'elle n'est pas recevable en justice de paix en matière civile? Non certes ; la loi ancienne n'en parlait pas non plus; et cependant elle était admise dans la pratique. Le législateur ne l'ignorait pas sans doute ; il connaissait l'arrêt de la cour de Cassation du 23 juin 1806 , qui avait consacré en principe que cette voie était recevable et admissible par les tribunaux d'exception. S'il eût pensé donc que la tierce opposition ne dût pas avoir lieu dans les tribunaux de paix, il n'eût pas manqué de la proscrire. Son silence est donc tout en faveur de notre opinion. (Voyez d'ailleurs le traité de la Compétence des juges de paix , par Henrion de Pansey , Chap. 58.)

Les motifs qui ont déterminé la Cour suprême , lors de son arrêt annoté ci-dessus, sont que la tierce opposition étant fondée sur le principe que personne ne peut être condamné sans être entendu , que ce principe étant de tout temps et de tous lieux s'applique aux Justices de paix , comme à toutes les autres juridictions , que par conséquent les parties qui n'ont été ni entendues ni appelées dans les contestations portées devant les juges de paix , ont le droit, si elles y ont intérêt, de former tierce opposition aux jugements qui les ont indirectement condamnés.

Mais il n'en est pas de même en matière de police. La Jurisprudence nous apprend qu'en ce cas la tierce opposition n'est pas recevable ; 1°. parce qu'en matière de police comme en matière crimi- nelle , les condamnations ne frappent que les per- sonnes qui en sont l objet, et qu'ainsi les jugements qui les prononcent ne peuvent jamais être opposés à des tiers. 2°. Parce que le juge de paix statuant en tribunal de police n'est pas compétent de pro- noncer sur des intérêts purement civils (Arrêts de la cour de Cassation des 5 juin et 7 décembre 1808).

ARTICLE 16.

Tous les huissiers d'un même can- ton (1) auront le droit de donner toutes les citations et de faire tous les actes de- vant la justice de paix. Dans les villes où il y a plusieurs justices de paix , les huissiers exploiteront concurremment dans le ressort de la juridiction assignée à leur résidence.

Tous les huissiers du même canton seront tenus de faire le service des audiences, et d'assister le juge de paix *toutes les fois qu'ils en seront requis* (2).

Les juges de paix choisiront leurs huissiers-audienciers.

(1) *Tous les huissiers du même canton.* Ici la commission de la Chambre des députés a proposé la première rédaction qu'avait fait la Chambre des pairs le 27 juin 1827, et l'article ainsi adopté est maintenant irréfragable, puisqu'il est le résultat de l'opinion des deux chambres. Il est donc passé en force de loi. Tous les huissiers du même canton auront donc la concurrence entre eux et pourront faire devant la justice de paix de leur résidence, toutes les citations et actes qui la concerneront. Mais aussi aucun huissier étranger ne pourra se permettre de faire aux habitants du canton aucunes citations ni significations d'actes relatives à la justice de paix, à moins qu'il n'y soit spécialement à ce autorisé par le juge. Il est vrai que les exploits

qu'il ferait ne seraient pas nuls, mais il s'expose-
rait à une amende que le juge de paix pourrait
prononcer contre lui, depuis cinq francs jusqu'à
cent francs (Article 1030 du code de procédure
civile).

(2) *Toutes les fois qu'ils en seront requis*. Les
huissiers du même canton seront donc obligés de
faire le service des audiences. A ce moyen le juge
de paix pourra se passer d'huissiers audienciers.
Mais s'il en admet, ceux-ci auront seuls la police
des audiences, et auront seuls la rétribution accordée par l'article 94 de la loi du 16 juin 1813;
et comme d'après les articles 156 et 435 du code
de procédure, tout jugement par défaut doit être
signifié par un huissier commis, cette signification
devra être de préférence confiée aux huissiers
audienciers.

Au reste, ces huissiers seront révocables à la
volonté du juge; et, comme ceci ne leur ôte pas le
droit d'exploiter, le juge n'est point obligé de
rendre compte, ni de déduire les motifs qui l'ont
déterminé (circulaire du ministre de la justice. —
Merlin).

ARTICLE 17.

(1) *Dans les causes portées* devant les

(68)

justices de paix, *aucun huissier* (2) ne pourra ni assister comme conseil , ni représenter les parties en qualité de procureur fondé , *à peine d'une amende* (3). de 25 à 5o fr., qui sera prononcée sans appel par le juge de paix.

Ces dispositions ne seront pas applicables (4) aux huissiers qui se trouveront dans l'un des cas prévus par l'article 86 du code de procédure civile.

(1) *Dans les causes portées.* Cette disposition générale est très-sage et très-utile : c'était en effet un usage abusif et contraire au bien de l'administration de la justice , qui avait fait admettre , dans plusieurs tribunaux de paix , les huissiers comme défenseurs officieux.

En vain l'arrêté du gouvernement du 18 thermidor an 11, portait , article premier : *il y a incompatibilité entre les fonctions d'huissier et celles de défenseur officieux ; nul ne pourra les exercer concurremment.*

En vain le ministre de la justice réclamait souvent contre cet usage ; certains individus insis-

· taient toujours ; et, forts du principe qui dit que la
défense est de droit naturel, et que dans aucun cas
on ne peut raisonnablement priver personne de
la faculté de se choisir un défenseur, ils persistaient
à porter la parole pour les parties pour lesquelles
ils avaient instrumenté.

Enfin, cet article 17 de la présente loi va mettre
un terme à leur entêtement ; et à ce moyen les
parties ne seront plus éloignées de se concilier,
ni entraînées par la chicane dans des procès longs
et ruineux.

(2) *Aucun huissier*. Ceci comprend tous les
huissiers, et met en pleine vigueur l'arrêté du
gouvernement ci-dessus cité. Ainsi il suffit d'être
huissier pour ne pouvoir être défenseur officieux
devant la justice de paix.

(3) *A peine d'une amende de 25 à 5o fr*. Nous
estimons que le juge de paix doit d'abord lui
refuser la parole, et que c'est dans le cas où il
insisterait qu'il doit le condamner à l'amende qu'il
a le droit de porter jusqu'à 5o fr.

Mais à quoi ces amendes seront-elles employées ? ès mains de qui seront-elles payées ? Ces
amendes doivent comme celles de simple police,
et à plus forte raison même, appartenir entièrement à la commune. Telles sont les dispositions

formelles de l'ordonnance du Roi, du 30 décembre 1823, article 4, calquées sur l'article 466 du code pénal ; et, comme ces sortes d'amendes ne peuvent être susceptibles d'aucun prélèvement au profit du gouvernement, elles devraient être versées entières aux mains du receveur de la commune du chef-lieu de canton, pour être, sur le mandat du maire, employées en tout ou partie aux frais qu'elle est obligée de faire pour les menues dépenses de l'auditoire, telles que celles de bois, chandelle, papier, encre, etc.

Nous savons qu'il y a certains individus qui, croyant tout savoir, prétendent qu'il n'est rien dû pour ces sortes de dépenses, et que c'est au juge de paix ou à son greffier, s'ils veulent se chauffer, s'éclairer, etc., à se procurer ces objets.

Ceux qui raisonnent ainsi ne connaissent donc pas l'article 19 de la loi du six mars 1791, ni le décret du 21 octobre 1811, ni la loi du 24 mars 1817.

Est-ce que la loi du 6 mars 1791 ne dit pas que les officiers municipaux sont autorisés à pourvoir économiquement aux menus frais *de bois, lumières, papier, encre,* etc., des bureaux de paix ? Est-ce que le décret du 21 octobre 1811, et la loi du 24 mars 1817, n'affectent pas partie des centimes

(71)

additionnels départementaux, aux dépenses admi-
nistratives *et judiciaires*, et rangent au nombre
de ces dépenses nommément les menues dépenses
des tribunaux ? Est-ce que sous cette dénomi-
nation ne sont pas comprises les justices de paix?

C'est donc une erreur de dire que les juges
de paix ou leurs greffiers doivent à leurs frais
chauffer, éclairer, etc., leur juridiction; c'est à
la commune, chef-lieu de canton, à pourvoir à ces
dépenses, sauf à s'en indemniser sur les centimes
départementaux, et à s'adresser à cet effet au
conseil général; voyez d'ailleurs l'article 30 de la
loi sur l'administration municipale du 18 juillet
1837.

Est-ce que cet article, après avoir énuméré
toutes les autres dépenses obligatoires des com-
munes, ne dit pas n°. 21 et généralement toutes
les autres dépenses mises à la charge des com-
munes par une disposition des lois?

Peut-il être douteux maintenant que les com-
munes, chefs-lieux de canton, sont obligées au
chauffage, à l'éclairage et autres menues dépenses
des tribunaux de paix ? Soutenir le contraire, ce
serait professer le pyrrhonisme le plus outré.

(4) *Les dispositions ne seront pas applicables.*
L'exception prévue par l'article 86 est positive,

et il était juste de l'admettre eu faveur des huissiers. Ils pourront donc porter la parole devant
les juges de paix , pour eux , leur femme , leurs
parens en ligne directe et pour leurs pupilles.

ARTICLE 18.

L'application des peines prononcées
par les dispositions de l'article précédent
ne fera point obstacle *à ce que l'action
disciplinaire* soit exercée, s'il y a lieu (1).

(1) *A ce que l'action disciplinaire.* L'huissier
qui se met dans le cas d'encourir l'amende prévue
par l'article 17 , pourra donc en outre subir la
peine de discipline. Ceci démontre combien le
législateur met d'importance à la prohibition qu'il
prononce ; il ne se contente pas de faire encourir
une amende à l'huissier qui se permet d'enfreindre
la loi , il veut qu'il puisse encore subir des peines
de discipline.

ARTICLE 19.

Le actions concernant les brevets
d'invention, seront portées, s'il s'agit de

nullité ou de déchéance de brevets ,
devant les tribunaux de première instance.
S'il s'agit de contre façon *devant les
tribunaux correctionnels* (2).

(1) D'après les lois du 7 janvier et 15 mai 1781,
assez mal interprétées à cet égard , les juges de
paix connissaient des contre-façons et de la déchéance des brevets, ce qui leur attribuait une
compétence véritablement trop importante : mais
ils n'en connaîtront plus ; ils pourront seulement
connaître de la plainte du propriétaire du brevet
troublé dans l'exercice de son droit, pourvu qu'il
ne soit articulé aucune contre-façon , dès lors
leur compétence sera à peu près nulle.

ARTICLE 20 ET DERNIER.

Toutes les dispositions de lois anté-
rieures contraires à la présente loi ,
sont abrogées (1).

(1) *Sont abrogées.* Ainsi sont abrogés les articles 9 et 10 du titre 3 de la loi du 24 août 1790,
ainsi que les articles 26 et 17 du code de procédure civile.

Mais les autres dispositions des lois qui attribuent aux juges de paix la connaissance de certaines affaires ne sont pas abrogées ; ce serait une erreur de le croire. Ainsi ils continueront à connaître,

1°. De l'exécution des tarifs arrêtés par l'administration pour droit de péage ou de passage dans les bacs, dans les bateaux, ou sur les ponts, sur les rivières ou fleuves navigables ou non (loi du 26 novembre 1798 , art. 52).

2°. De l'établissement des bureaux de loterie clandestine (loi du 26 mars 1798).

3°. De toutes les actions civiles concernant les douanes (lois du 4 germinal an 2 , du 4 fructidor an 7 , du 26 ventose an 8 , du 2 décembre 1814 , et du 27 mars 1827).

3°. De toutes les actions civiles qui peuvent s'élever sur l'application du tarif en matière d'octroi, ou sur la quotité des droits (loi du 2 vendémiaire an 8), à quelque somme que le droit puisse s'élever.

5°. Du salaire des gens de mer dans les cantons où il n'y a pas de tribunal de commerce (loi du 13 août 1791).

6°. Du sauvetage des bâtiments naufragés, et des effets et marchandises composant leur cargaison. Ils prendront à cet effet toutes les mesures et donneront tous les ordres nécessaires (loi du 14 août 1799).

7°. De la saisie des objets portant la marque contrefaite des fabricants, couteliers ou autres, et de l'application encourue en pareil cas (300 fr., loi du 5 septembre 1810, articles 8 et 9).

8°. Du paiement des honoraires des avocats, des notaires et des agréés près les tribunaux de commerce, lorsque la demande n'excédera pas 200 fr. (décision ministérielle du 9 décembre 1826 et 8 novembre 1827. Arrêt de la cour de Cassation du 6 août 1830 et 25 mai 1832).

9°. Des actions civiles entre les entrepreneurs de travaux publics qui se sont permis de prendre des matériaux, de faire ramasser des pierres et cailloux sur les propriétés, sans y être spéciale- ment autorisés (Arrêts du conseil d'État du 29 décembre 1827 et 30 octobre 1828).

10°. Des demandes en exécutoire formées par les notaires pour les droits d'enregistrement par eux déboursés à quelques sommes que les droits puissent s'élever (Article 30 de la loi du 22 frimaire an 7), etc., etc.

ERRATA.

Page 4 , ligne 25 , vente, lisez : *rente*.

Id. —   25, vente ,   —   rente.

6 ,   10, perte d'effets, *lisez :* perte ou avarie
                  d'effets.

—   14 ,   id.   id.

11 ,   3 , dans les autres cas, *lisez :* dans tous
                  les autres cas.

16 ,   16 , la somme de, *lisez :* la valeur de.

—   21 , après le mot jouissance , *ajoutez :*
                  provenant.

42 ,   14 , après le mot Instance, *ajoutez :* sans
                  préliminaire de conciliation.

43 ,   6, d'après le, *lisez :* d'après ce.

46 ,   15 , sa compétence, *lisez :* la compétence.

51 ,   7 , dans tous les cas , *lisez :* dans tous
                  les autres cas.

59 ,   3 , trent , *lisez :* trente.

63 ,   13 , en dernier , *lisez :* au dernier.

66 ,   1 , exploiteront , *lisez :* exploitent.

67 ,   23 , intercalez ce qui suit :

ARTICLE 17.

Dans toutes les causes , excepté celles où il y
aurait péril en la demeure et celles dans lesquelles
le défendeur serait domicilié hors du canton ou des
cantons de la même ville , le juge de paix pourra

interdire aux huissiers de sa résidence de donner
aucune citation en justice , sans qu'au préalable il
n'ait appelé , sans frais , les parties devant lui.

ARTICLE 22 ET DERNIER.

Les dispositions de la présente loi ne s'appli-
queront pas aux demandes introduites avant sa
promulgation.